THE PURPOSE DRIVEN®

Curriculum

목적이
이끄는
양육

201과정

성장 : 나의 영적 성숙

THE PURPOSE DRIVEN®

Curriculum

목적이 이끄는 양육

201과정

성장 : 나의 영적 성숙

릭 워렌 지음
김성수 옮김

국제제자훈련원

201 과정

성장 : 나의 영적 성숙

The Purpose Driven Curriculum

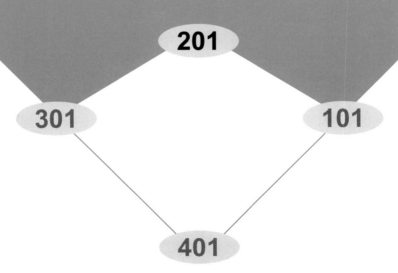

201과정에 참여하신 여러분을 환영합니다!

201과정은 401과정까지 진행되는 우리 교회의 네 가지 필수 과정들 가운데 두 번째 과정에 해당됩니다. 이 과정들은 각각 이전 과정에 기초하여 세워지기 때문에 201과정을 들으시기 전에 "101과정/ 참여 : 나의 영적 가족"을 먼저 들으셔야 합니다.

1. 201과정의 목적

"그가(에바브라) 항상 너희를 위하여 애써 기도하여 너희로 하나님의 모든 뜻 가운데서 완전하고 확신 있게 서기를 구하나니"(골 4:12하).

"이는 우리가 이제부터 어린아이가 되지 아니하여…범사에 그에게까지 자랄지라 그는 머리니 곧 그리스도라"(엡 4:14-15).

2. 201과정의 초점

우리는 모든 그리스도인들이 영적 성숙에 이르도록 자라가기 위해 개발시켜야 할 세 가지 기본 습관에 초점을 맞출 것입니다. 201과정에서 여러분은 다음의 두 가지를 배우게 됩니다.

1) 세 가지 기본 습관을 시작할 때 필요한 "기술"
2) 세 가지 기본 습관을 지속해 나가기 위해 필요한 "도구"

3. 영적 성숙이란 무엇입니까?

"우리가 다 하나님의 아들을 믿는 것과 아는 일에 하나가 되어 온전한 사람을 이루어 그리스도의 장성한 분량이 충만한 데까지 이르리니"(엡 4:13).

1) 영적 성숙이란 그리스도를 닮는 것입니다.

"하나님이 미리 아신 자들을 또한 그 아들의 형상을 본받게 하기
위하여 미리 정하셨으니…"(롬 8:29).

4. 어떻게 하면 그리스도를 닮아 자라갈 수 있습니까?

1) 영적 성숙은 _____ 이루어지지 않습니다.

"때가 오래 되었으므로 너희가 마땅히 선생이 되었을 터인데 너희
가 다시 하나님의 말씀의 초보에 대하여 누구에게서 가르침을 받
아야 할 처지이니 단단한 음식은 못 먹고 젖이나 먹어야 할 자가
되었도다"(히 5:12).

2) 영적 성숙은 계속되는 _____입니다.

"오직 우리 주 곧 구주 예수 그리스도의 은혜와 그를 아는 지식에
서 자라 가라"(벧후 3:18).

3) 영적 성숙은 _____이 필요합니다.

"경건에 이르도록 네 자신을 연단하라"(딤전 4:7하)

제자도에 대한 이해

① 그리스도를 따르는 사람들을 _____라고 부릅니다.
② 그 누구도 _____ 받지 않고 제자가 될 수 없습니다.
③ 훈련을 많이 받으면 받을수록 하나님께서는 나를 더 잘 사
용하실 수 있습니다.

④ 그리스도를 따르는 사람은 자기 _____를 져야 합니다.

"누구든지 자기 십자가를 지고 나를 따르지 않는 자도 능히 내 제자가 되지 못하리라"(눅 14:27).

⑤ 얼마나 자주 자기를 부인하며 십자가를 지고 따라야 합니까? : _____

"아무든지 나(예수님)를 따라오려거든 자기를 부인하고 날마다 제 십자가를 지고 나를 따를 것이니라"(눅 9:23).

4) 영적 성숙은 그리스도의 사랑에 대한 _____입니다.

"그리스도의 사랑이 우리를 휘어잡습니다. 우리가 확신하기로는, 한 사람이 모든 사람을 위하여 죽으셨으니, 모든 사람이 죽은 셈입니다. 그런데 그리스도께서 모든 사람을 위하여 죽으신 것은, 이제부터는, 살아 있는 사람들이 자기 자신들을 위하여 살아가도록 하려는 것이 아니라, 자기들을 위하여서 죽으셨다가 살아나신 그분을 위하여 살아가도록 하려는 것입니다"(고후 5:14-15, 새번역).

5. 제자의 세 가지 습관

"우리는 _____을 개발함으로써 제자가 될 수 있습니다!"

"…여러분은 옛 사람을 그 행실과 함께 벗어버리고, 새 사람을 입으십시오. 이 새 사람은 자기를 창조하신 분의 형상을 따라 끊임없이 새로워져서, 참 지식에 이르게 됩니다"(골 3:9-10, 새번역).

1) 첫 번째 습관 : 교제

"내가 너희를 사랑한 것 같이 너희도 서로 사랑하라 너희가 서로 사랑하면 이로써 모든 사람이 너희가 내 제자인 줄 알리라"(요 13:34-35).

2) 두 번째 습관 : 헌금

"이와 같이 너희 중의 누구든지 자기의 모든 소유를 버리지 아니하면 능히 내 제자가 되지 못하리라"(눅 14:33).

"십일조의 목적은 당신들이 당신들의 삶 가운데서 하나님을 최우선으로 모시는 것을 가르치기 위함입니다."(신 14:23, LB 번역).

3) 세 번째 습관 : 경건의 시간

"너희가 내 말에 거하면 참 내 제자가 되고 진리를 알지니 진리가 너희를 자유롭게 하리라"(요 8:31-32).

"너희가 내 안에 거하고 내 말이 너희 안에 거하면 무엇이든지 원하는 대로 구하라 그리하면 이루리라 너희가 열매를 많이 맺으면 내 아버지께서 영광을 받으실 것이요 너희는 내 제자가 되리라"(요 15:7-8).

습관이란 무엇입니까?

① "습관이란 반복을 통해 얻게 되는 어떤 분명한 활동으로서 종종 무의식 상태에서도 지속적으로 이뤄지는 것입니다." – 웹스터사전

② "형성된 습관의 특징"
생각을 심으면 행동을 낳고, 행동을 심으면 습관을 낳고, 습관을 심으면 성품을 낳고 성품을 심으면 운명을 낳는다.

③ "버릇으로 굳어진 행동"

6. 201과정의 목표

"여러분이 영적 성숙을 이루기 위해 필요한 습관에 _____
하는 것입니다."

"그러므로 형제들아 내가 하나님의 모든 자비하심으로 너희를 권하
노니 너희 몸을 하나님이 기뻐하시는 거룩한 산 제물로 드리라 이는
너희가 드릴 영적 예배니라 너희는 이 세대를 본받지 말고 오직 마음
을 새롭게 함으로 변화를 받아 하나님의 선하시고 기뻐하시고 온전
하신 뜻이 무엇인지 분별하도록 하라"(롬 12:1-2).

제 1 장

첫 번째 습관 : 교제

"모이기를 폐하는 어떤 사람들의 습관과 같이 하지 말고 오직 권하여 그날
이 가까움을 볼수록 더욱 그리하자"(히 10:25).

The Purpose Driven Curriculum

I. 성도의 교제가 왜 중요합니까?

1. 당신은 다른 성도들과 함께 하나님의 가족에 _____.

"기회 있는 대로 모든 이에게 착한 일을 하되 더욱 믿음의 가정들에게 할지니라"(갈 6:10).

"여러분은 하나님의 가족의 지체입니다…그리고 여러분은 다른 모든 그리스도인과 함께 하나님의 가족에 속합니다"(엡 2:19, LB 번역).

"이와 같이 우리 많은 사람이 그리스도 안에서 한 몸이 되어 서로 지체가 되었느니라"(롬 12:5).

2. 당신은 영적으로 성장하기 위해 _____가 필요합니다.

"서로 돌아보아 사랑과 선행을 격려하며"(히 10:24).

1) 영적 파트너
우리는 모두 영적 파트너가 필요합니다. 영적 파트너는 서로의 영적 성숙을 이루도록 돕습니다. 특히, 우리가 하나님과 함께하는 가운데 지속적으로 자라도록 서로 경청해 주고 밀어주는 격려자가 됩니다.

2) 좋은 영적 파트너의 특징은 다음과 같습니다.
① 이미 가까운 친구가 되어 내가 참여하는 소그룹에 속한 사람
② 내가 영적으로 자라도록 돕기를 원하는 사람
③ 나의 확신을 존중해 줄 수 있는 "신뢰할 만한" 사람

3. 당신은 영적으로 자라기 위해 _____지는 관계가 필요합니다.

"철이 철을 날카롭게 하는 것 같이 사람이 그의 친구의 얼굴을 빛나게 하느니라"(잠 27:17).

"형제들아 사람이 만일 무슨 범죄한 일이 드러나거든 신령한 너희는 온유한 심령으로 그러한 자를 바로잡고 네 자신을 살펴보아 너도 시험을 받을까 두려워하라 너희가 짐을 서로 지라 그리하여 그리스도의 법을 성취하라"(갈 6:1-2).

4. 교제는 세상을 향한 _____입니다.

"아버지여, 아버지께서 내(예수님) 안에, 내가 아버지 안에 있는 것 같이 그들도 다 하나가 되어…세상으로 아버지께서 나를 보내신 것을 믿게 하옵소서"(요 17:21).

5. 우리가 교제를 나눌 때 그리스도께서 _____하십니다.

"두세 사람이 내 이름으로 모인 곳에는 나도 그들 중에 있느니라"(마 18:20).

6. 우리는 모두 _____가 필요합니다.

"각각 은사를 받은 대로 하나님의 각양 은혜를 맡은 선한 청지기같이 서로 봉사하라"(벧전 4:10).

"직분은 여러 가지나 주는 같으며…너희는 그리스도의 몸이요 지체의 각 부분이라"(고전 12:5,27).

1) "서로" 나누어야 할 교제 (성경 말씀의 예)
- 서로 종노릇하라　　　　갈 5:13
- 서로 받아들이라　　　　롬 15:7
- 서로 용서하라　　　　　골 3:13
- 서로 문안하라　　　　　롬 16:16
- 서로 남의 짐을 지라　　갈 6:2
- 서로 우애하라　　　　　롬 12:10
- 서로 존경하라　　　　　롬 12:10
- 서로 권면하라　　　　　롬 15:14
- 서로 복종하라　　　　　엡 5:21
- 서로 덕을 세우라　　　 살전 5:11

II. 어떻게 하면 지체들이 서로
가까운 관계로 지낼 수 있습니까?

1. 모든 성도들이 _____에 참여해야 합니다.

"그들이 날마다 성전에 있든지 집에 있든지 예수는 그리스도라고 가르치기와 전도하기를 그치지 아니하니라"(행 5:42).

2. 교회 모임의 두 가지 유형

　　1) 대그룹 모임 : 예배
　　2) 소그룹 모임 : 교제

　　"저의 집에 있는 교회에도 문안하라"(롬 16:5).

　　사도행전 2:46, 8:3, 16:40, 20:20; 고린도전서 16:19; 골로새서 4:15

3. 우리는 우리 교회가 동시에 더 _____ 그리고 더 _____ 자라야 한다고 믿습니다.

III. 소그룹의 목적은 무엇입니까?(행 2:42-47)

1. 훈련 : 성경 말씀을 더 잘 이해하고 삶 가운데 적용하는 것입니다.

"그들이 사도의 가르침을 받아 서로 교제하고 떡을 떼며 오로지 기도하기를 힘쓰니라"(행 2:42).

2. 교제 : 하나님 가족의 한 지체임을 느끼는 것입니다.

"그들이…서로 교제하고 떡을 떼며 오로지 기도하기를 힘쓰니라"(행 2:42).

"집에서 떡을 떼며 기쁨과 순전한 마음으로 음식을 먹고"(행 2:46).

"성도들의 쓸 것을 공급하며 손 대접하기를 힘쓰라"(롬 12:13).

3. 예배 : 예배에 대한 깊은 이해를 바탕으로 예배하는 것입니다.

"그들은…성찬을 나누고 기도하는 일에 전적으로 힘썼다"(행 2:42, 현대).

"하나님을 찬미하며 또 온 백성에게 칭송을 받으니"(행 2:47).

4. 사역 : 다른 사람들을 섬기는 기쁨을 체험하는 것입니다.

"믿는 사람이 다 함께 있어 모든 물건을 서로 통용하고 또 재산과 소유를 팔아 각 사람의 필요를 따라 나눠 주며"(행 2:44-45).

5. 전도 : 믿지 않는 사람들에게 기쁜 소식을 전하는 것입니다.

"주께서 구원 받는 사람을 날마다 더하게 하시니라"(행 2:47).

제 2 장

||||||||||||||||| **두 번째 습관 : 헌금**

"매주의 첫 날에, 여러분이 수입으로 벌은 것의 얼마를 구별해서 헌금으로 드리십시오. 금액은 주님께서 여러분이 벌 수 있도록 얼마만큼 많이 도와주셨는가를 따르면 됩니다"(고전 16:2, LB 번역).

"여러분이 믿음과 말과 지식과 열심과 우리를 사랑하는 이 모든 일에 풍성한 것처럼 헌금하는 이 은혜로운 일에도 그렇게 해 주십시오"(고후 8:7, 현대).

The Purpose Driven Curriculum

I. 하나님께서는 왜 헌금을 원하십니까?
- 헌금을 통해 얻는 7가지 유익 -

1. 헌금은 하나님을 더욱 _____가게 합니다.

"하나님이 세상을 이처럼 사랑하사 독생자를 주셨으니…"(요 3:16).

2. 헌금은 하나님께로 더 _____ 가게 합니다.

"네 보물 있는 그곳에는 네 마음도 있느니라"(마 6:21).

3. 헌금은 황금만능주의에 대한 _____ 입니다.

"네가 이 세대에서 부한 자들을 명하여 마음을 높이지 말고 정함이 없는 재물에 소망을 두지 말고 오직 우리에게 모든 것을 후히 주사 누리게 하시는 하나님께 두며 선을 행하고 선한 사업을 많이 하고 나누어 주기를 좋아하며 너그러운 자가 되게 하라 이것이 장래에 자기를 위하여 좋은 터를 쌓아 참된 생명을 취하는 것이니라"(딤전 6:17-19).

4. 헌금은 나의 _____을 강하게 만들어 줍니다.

"너는 마음을 다하여 여호와를 신뢰하고 네 명철을 의지하지 말라… 네 재물과 네 소산물의 처음 익은 열매로 여호와를 공경하라 그리하면 네 창고가 가득히 차고 네 포도즙 틀에 새 포도즙이 넘치리라"(잠 3:5, 9-10).

"주라 그리하면 너희에게 줄 것이니 곧 후히 되어 누르고 흔들어 넘치도록 하여 너희에게 안겨 주리라"(눅 6:38).

5. 헌금은 _____ 세계를 위한 투자입니다.

"선을 행하고 선한 사업을 많이 하고 나누어 주기를 좋아하며 너그러운 자가 되게 하라 이것이 장래에 자기를 위하여 좋은 터를 쌓아 참된 생명을 취하는 것이니라"(딤전 6:18-19).

6. 헌금은 _____에게 복으로 되돌아옵니다.

"선한 눈을 가진 자는 복을 받으리니 이는 양식을 가난한 자에게 줌이니라"(잠 22:9).

"구제를 좋아하는 자는 풍족하여질 것이요 남을 윤택하게 하는 자는 자기도 윤택하여지리라"(잠 11:25).

7. 헌금은 나를 _____하게 만들어 줍니다.

(예수님)"주는 것이 받는 것보다 복이 있다"(행 20:35).

"백성들은 자원하여 드렸으므로 기뻐하였으니 곧 그들이 성심으로 여호와께 자원하여 드렸으므로 다윗 왕도 심히 기뻐하니라"(대상 29:9).

II. 성경은 십일조에 대해 어떻게 가르칩니까?

1. 십일조란 무엇입니까?

    1) "십일조"란 "십 분의 일"을 뜻합니다.

    2) "십일조"는 내 수입의 _____를 드리는 것입니다.

2. 왜 십일조를 드려야 합니까?

    1) 하나님께서 그것을 _____하시기 때문입니다.

       "그 땅의 십분의 일 곧 그 땅의 곡식이나 나무의 열매는 그 십분의 일은 여호와의 것이니 여호와의 성물이라"(레 27:30).

    2) 예수님이 그것을 _____ 때문입니다.

       (서기관들과 바리새인들에게) "너희가 박하와 회향과 근채의 십일조는 드리되 율법의 더 중한 바 정의와 긍휼과 믿음은 버렸도다 그러나 이것도 행하고 저것도 버리지 말아야 할지니라"(마 23:23).

    3) 십일조 생활은 하나님께서 나의 삶 가운데 _____를 차지하고 계심을 보여 주기 때문입니다.

       "십일조의 목적은 당신의 삶에서 하나님을 언제나 첫 번째 자리에 모시는 것을 가르치기 위함입니다"(신 14:23, LB 번역).

4) 십일조 생활은 내가 가진 _____ 것이 하나님께서 주신 것
   이란 점을 상기시켜주기 때문입니다.

   "네 하나님 여호와를 기억하라 그가 네게 재물 얻을 능력을 주셨음
   이라"(신 8:18).

5) 십일조 생활은 하나님을 향한 나의 _____를 표현해 주기 때문입니다.

   "각 사람이 네 하나님 여호와께서 주신 복을 따라 그 힘대로 드릴지
   니라"(신 16:17).

6) 하나님께서는 십일조 생활을 하지 않는 것을 두고 하나님의 것
   을 _____하는 것이라고 말씀하시기 때문입니다.

   "사람이 어찌 하나님의 것을 도둑질하겠느냐 그러나 너희는 나의
   것을 도둑질하고도 말하기를 우리가 어떻게 주의 것을 도둑질하였
   나이까 하는도다 이는 곧 십일조와 봉헌물이라 너희 곧 온 나라가
   나의 것을 도둑질하였으므로 너희가 저주를 받았느니라"(말 3:8-9).

7) 십일조 생활은 하나님께서 _____ 계신 것과 나를 축복하기
   원하시는 것을 증명할 수 있도록 하나님께 기회를 드리기 때문입
   니다.

   "너희의 온전한 십일조를 창고에 들여 나의 집에 양식이 있게 하고
   그것으로 나를 시험하여 내가 하늘 문을 열고 너희에게 복을 쌓을
   곳이 없도록 붓지 아니하나 보라 만군의 여호와가 이르노라 내가 너
   희를 위하여 메뚜기를 금하여 너희 토지 소산을 먹어 없애지 못하게
   하며 너희 밭의 포도나무 열매가 기한 전에 떨어지지 않게 하리니"
   (말 3:10-11).

8) 십일조 생활은 내가 하나님을 진실로 _____하는 것을 증명하기 때문입니다.

(예수님) "너희가 나를 사랑하면 나의 계명을 지키리라"(요 14:15).

"여러분이 믿음과 말과 지식과 열심과 우리를 사랑하는 이 모든 일에 풍성한 것처럼 헌금하는 이 은혜로운 일에도 그렇게 해 주십시오. 내가 이것을 명령하는 것이 아닙니다. 다만 다른 사람들의 열심과 비교하여 여러분의 사랑이 얼마나 진실한가를 알아보려는 것뿐입니다."(고후 8:7-8, 현대).

3. 십일조는 어떻게 드려야 합니까?

1) 어떤 부분을 드려야 합니까?
내가 수입으로 번 것의 쓰고 _____ 부분이 아닌, _____ 부분을 드립니다!

"네 재물과 네 소산물의 처음 익은 열매로 여호와를 공경하라"(잠 3:9).

"십일조"와 "헌금"의 차이점
① "십일조"는 나의 수입의 첫 번째 10%를 드리는 것입니다.
② "헌금"은 십일조에 더해서 드리는 것입니다.

2) 어디에 드려야 합니까?
내가 _____ 드리는 곳에 드려야합니다.

"너희는 온전한 십일조를 성전에 바쳐…"(말 3:10, 현대).

3) 언제 드려야 합니까?

　① _____ 혹은 _____ 드립니다.
　② 한 주간의 첫날인 _____에 드립니다.

　　"매주의 첫 날에, 여러분이 수입으로 번 것의 얼마를 구별해서
　　헌금으로 드리십시오. 금액은 주님께서 여러분이 벌 수 있도록 얼
　　마만큼 많이 도와 주셨는가를 따르면 됩니다"(고전 16:2, LB번역).

　③ 십일조 드리는 것을 기억하는 방법
　　- 개인이나 가족을 위한 가계부의 첫 항목을 "십일조"로 삼으
　　　십시오.
　　- 자녀들에게 십일조를 가르치십시오.

4. 헌금을 드리는 바른 자세는 어떠해야 합니까?

1) _____ 드려야 합니다.

　"기쁜 마음으로 각자의 형편에 맞게 바치면, 하나님께서는 그것을
　기쁘게 받으실 것입니다. 하나님께서는 없는 것까지 바치는 것을 바
　라지 않으십니다"(고후 8:12, 새번역).

　"각각 그 마음에 정한 대로 할 것이요 인색함으로나 억지로 하지 말
　지니"(고후 9:7상).

2) _____ 드려야 합니다.

　"하나님은 즐겨 내는 자를 사랑하시느니라"(고후 9:7하).

3) _____ 으로 드려야 합니다.

"나는 그들이 힘껏 헌금했을 뿐만 아니라 오히려 힘에 겹도록 헌금했다고 자신 있게 말할 수 있습니다. 그들은 예루살렘에 있는 성도들을 돕는 일에 참여하게 해 달라고 우리에게 여러 차례 부탁했습니다"(고후 8:3-4, 현대).

4) _____ 으로 드려야 합니다.

"이것이 곧 적게 심는 자는 적게 거두고 많이 심는 자는 많이 거둔다 하는 말이로다"(고후 9:6).

5. 헌금의 비결이 있다면 무엇입니까?

"…먼저 자신을 주께 드리고…"(고후 8:5).

6. 헌신의 기도

"하나님 아버지, 아버지께서 저를 사랑하시며 제가 최선의 삶을 살기 원하시니 감사드립니다. 제가 가진 모든 것과 앞으로 가질 모든 것이 다 아버지께서 주시는 것임을 고백합니다. 저는 더 많이 소유하는 것보다 아버지의 기쁨이 되기를 원합니다. 아버지께서 제 삶의 첫째가 되시기를 원합니다. 아버지께서 명하신 대로 지금부터 십일조 생활을 시작하려고 합니다. 저를 위해 베푸신 모든 것으로 인해 감사드리고, 앞으로도 제게 필요한 모든 것을 채워주실 것으로 믿으며, 제가 버는 모든 것 중에 적어도 첫 번째 십 퍼센트를 아버지께 돌려 드리기로 결심합니다. 이제부터 영원의 세계를 위한 투자를 시작하겠습니다. 이 헌신이 계속 충성스럽게 이어지도록 도와주옵소서. 예수님의 이름으로 기도드립니다. 아멘."

이름 _____   날짜 _____년 _____월 _____일

제 3 장

|||||||||||||||||||||| 세 번째 습관 : 경건의 시간

"자유롭게 하는 온전한 율법을 들여다보고 있는 자는 듣고 잊어버리는 자가 아니요 실천하는 자니 이 사람은 그 행하는 일에 복을 받으리라"(약 1:25).

The Purpose Driven Curriculum

I. 매일 경건의 시간을 갖는 습관

1. 왜 매일 경건의 시간을 가져야 합니까?

그리스도인이 홀로 하나님과 함께하는 경건의 시간을 하루 스케줄 가운데서 최고 우선순위에 두어야 할 5가지 이유가 있습니다.

1) 우리는 하나님과 교제하도록 _____ 받았기 때문입니다.

"하나님이 자기 형상 곧 하나님의 형상대로 사람을 창조하시되 남자와 여자를 창조하시고"(창 1:27).

"볼지어다 내가 문 밖에 서서 두드리노니 누구든지 내 음성을 듣고 문을 열면 내가 그에게로 들어가 그와 더불어 먹고 그는 나와 더불어 먹으리라"(계 3:20).

2) 예수님은 우리가 하나님과 _____할 수 있는 길을 열기 위해 죽으셨기 때문입니다.

"너희를 불러 그의 아들 예수 그리스도 우리 주와 더불어 교제하게 하시는 하나님은 미쁘시도다"(고전 1:9).

3) 예수님의 _____의 원천이 하나님과 개인적으로 함께하는 교제의 시간이었기 때문입니다.

"예수께서 나가사 습관을 따라 감람산에 가시매 제자들도 따라갔더니…돌 던질 만큼 가서 무릎을 꿇고 기도하여"(눅 22:39, 41).

마가복음 1:35; 누가복음 5:16 참조

4) 하나님을 효과적으로 섬겼던 사람들은 모두 다 경건의 시간을
_____했던 사람들이기 때문입니다.

아브라함, 모세, 다윗, 다니엘, 바울 등

5) 경건의 시간을 갖지 않고는 _____하게 성장하는 그리스도인
이 될 수 없기 때문입니다.

"사람이 떡으로만 살 것이 아니요 하나님의 입으로부터 나오는 모
든 말씀으로 살 것이라 하였느니라"(마 4:4).

"청년이 무엇으로 그의 행실을 깨끗하게 하리이까 주의 말씀만 지
킬 따름이니이다"(시 119:9).

2. 매일 경건의 시간을 갖는 목적은 무엇입니까?

1) 하나님께 개인적으로 _____ 드리기 위함입니다.

"여호와께 그의 이름에 합당한 영광을 돌리며 거룩한 옷을 입고 여
호와께 예배할지어다"(시 29:2).

"(히스기야) 그가 행하는 모든 일 곧 하나님의 전에 수종드는 일에나
율법에나 계명에나 그의 하나님을 찾고 한 마음으로 행하여 형통하
였더라"(대하 31:21).

① 하나님께서는 우리의 예배를 받으시기에 합당하신 분이십니
다(계 4:11)
② 하나님께서는 우리의 예배를 원하십니다(요 4:23)

2) 하나님의 _____하심을 받기 위함입니다.

"여호와여 주의 도를 내게 보이시고 주의 길을 내게 가르치소서"(시 25:4).

매일 경건의 시간에 하는 두 가지

① 나의 앞길을 살핍니다.
"발로 디딜 곳을 잘 살펴라. 네 모든 길이 안전할 것이다"(잠 4:26, 새번역).

② 나의 하루를 맡깁니다.
"네 길을 여호와께 맡기라 그를 의지하면 그가 이루시고"(시 37:5).

3) 하나님 안에서 _____을 얻기 위함입니다.

"또 여호와를 기뻐하라 그가 네 마음의 소원을 이루어 주시리로다"(시 37:4).

"주께서 생명의 길을 내게 보이시리니 주의 앞에는 충만한 기쁨이 있고 주의 오른쪽에는 영원한 즐거움이 있나이다"(시 16:11).

"내가 그리스도를 더 잘 알면 알수록,
그분을 더욱더 _____하게 됩니다!"

4) 하나님을 닮아 _____성장하기 위함입니다.

"(하나님은) 귀중하고 아주 위대한 약속들을 우리에게 주셨습니다.

그것은 이 약속들로 말미암아 여러분이…하나님의 성품에 참여하는 사람이 되게 하시려는 것입니다"(벧후 1:4, 새번역).

"그들이 베드로와 요한이 담대하게 말함을 보고 그들을 본래 학문 없는 범인으로 알았다가 이상히 여기며 또 전에 예수와 함께 있던 줄도 알고"(행 4:13).

II. 제 1 부 : 기도 - 하나님과의 대화
주님께서 가르쳐 주신 기도의 모델 - 6P

"소망 중에 즐거워하며 환난 중에 참으며 기도에 항상 힘쓰며"(롬 12:12).

"그러므로 너희는 이렇게 기도하라"(마 6:9).

1. "찬양"(Praise) : _____을 높이며 기도를 시작하십시오.

"하늘에 계신 우리 아버지여 이름이 거룩히 여김을 받으시오며"(마 6:9).

1) 하나님께 찬양 드리는 두 가지 방법

① _____ : 하나님의 성품에 대해 찬양

"감사함으로 그의 문에 들어가며 찬송함으로 그의 궁정에 들어가서 그에게 감사하며 그의 이름을 송축할지어다"(시 100:4).

– 성경을 읽으면서 "하나님의 성품"을 발견하는 대로 기록해 두고 기도드릴 때 그 목록을 사용해 보십시오.

구체적인 예

하나님은 노하기를 더디 하신다.	민 14:18
하나님은 자비로우시다.	민 14:18
하나님은 용서하신다.	민 14:18
하나님은 모든 것을 아신다.	삼상 2:3
하나님은 사랑이시다.	요일 4:8

- "하나님의 성품"은 우리가 기도드릴 때 담대히 구할 수 있는 근거가 됩니다. 하나님의 성품을 따라서 간구하는 것이 바로 믿음으로 구하는 것입니다. 하나님께서는 자신이 누구인지를 고백하는 기도에 응답하십니다.

② _____ : 하나님께서 행하신 일에 대해 찬양을 드림

"감사함으로 그의 문에 들어가며 찬송함으로 그의 궁정에 들어가서 그에게 감사하며 그의 이름을 송축할지어다"(시 100:4).

- 하나님께 감사하는 것들의 목록을 만들어 놓고 기도드릴 때 사용해 보십시오.

_____

_____

_____

_____

_____

_____

_____

_____

_____

_____

_____

_____

_____

_____

_____

_____

_____

2. "목적"(Purpose) : 하나님의 목적과 뜻에 _____ 하십시오.

"나라가 임하시오며 뜻이 하늘에서 이루어진 것같이 땅에서도 이루어지이다"(마 6:10).

하나님의 뜻과 목적이 여러분의 가정, 교회, 사역, 생업, 미래에서, 그리고 여러분이 사는 도시, 나라, 세계에서 이뤄지도록 기도드리십시오.

"너희 몸을 하나님이 기뻐하시는 거룩한 산 제물로 드리라 이는 너희가 드릴 영적 예배니라"(롬 12:1).

3. "공급"(Provision) : 하나님께 당신의 _____ 를 채워달라고 간구하십시오.

"오늘날 우리에게 일용할 양식을 주시옵고"(마 6:11).

1) 어떤 필요를 위해 기도해야합니까? _____

"나의 하나님이 그리스도 예수 안에서 영광 가운데 그 풍성한 대로 너희 모든 쓸 것(필요)을 채우시리라"(빌 4:19).

"자기 아들을 아끼지 아니하시고 우리 모든 사람을 위하여 내어 주신 이가 어찌 그 아들과 함께 모든 것을 우리에게 주시지 아니하겠느냐"(롬 8:32).

2) 어떻게 구해야 합니까? : _____

"너희가 얻지 못함은 구하지 아니하기 때문이요"(약 4:2).

"아무것도 염려하지 말고 다만 모든 일에 기도와 간구로 너희 구할
것을 감사함으로 하나님께 아뢰라"(빌 4:6).

3) 아래와 같이 자신의 기도제목과 약속의 말씀을 기록해 두고
하나님의 응답을 기대하십시오.

날짜	기도제목	약속의 말씀	응답받은 날짜

4. "용서"(Pardon) : 하나님께 나의 죄를 용서해 달라고 간구하십
시오.

"우리 죄를 사하여 주시옵고"(마 6:12하).

용서를 구하는 기도의 4단계

1) 성령님께 모든 _____를 드러내 달라고 기도하십시오.

"하나님이여 나를 살피사 내 마음을 아시며 나를 시험하사 내 뜻을 아옵소서 내게 무슨 악한 행위가 있나 보시고…"(시 139:23-24).

2) 각각의 죄를 _____으로 고백하십시오.

"자기의 죄를 숨기는 자는 형통하지 못하나 죄를 자복하고 버리는 자는 불쌍히 여김을 받으리라"(잠 28:13).

3) 필요하다면 다른 사람들과 _____하십시오.

"그러므로 예물을 제단에 드리려다가 거기서 네 형제에게 원망 들을 만한 일이 있는 것이 생각나거든 예물을 제단 앞에 두고 먼저 가서 형제와 화목하고 그 후에 와서 예물을 드리라"(마 5:23-24).

4) _____으로 하나님의 용서를 받아들이십시오.

"만일 우리가 우리 죄를 자백하면 그는 미쁘시고 의로우사 우리 죄를 사하시며 우리를 모든 불의에서 깨끗하게 하실 것이요"(요일 1:9).

5. "사람"(People) : 다른 _____들을 위해 기도하십시오.

"우리가 우리에게 죄 지은 자를 사하여 준 것같이 우리 죄를 사하여 주시옵고"(마 6:12).

"나는 무엇보다도 먼저, 모든 사람을 위해서 하나님께 간구와 기도와 중보 기도와 감사 기도를 드리라고 그대에게 권합니다"(딤전 2:1, 새번역).

1) 다른 사람들을 위한 기도의 모범 : 엡 1:15-19; 골 1:3-12; 살전 1:2-3; 살후 1:11-12

2) 여러분 각자가 위해서 기도하기 원하는 사람들의 목록을 만드십시오. 그들을 그룹으로 묶어 정한 요일에 나누어 기도하십시오.

기도가 필요한 사람들

분 류	이 름	기도제목
가 족		
신앙의 친구		
전도 대상자		
영적 지도자		
나라의 지도자		
기 타		

6. "보호"(Protection) : 하나님의 영적인 _____하심을 간
   구하십시오.

"우리를 시험에 들게 하지 마시옵고 다만 악에서 구하시옵소서"(마 6:13).

성도들은 매일 영적 전쟁을 치르며 삽니다. 사탄은 유혹과 두려움을
통해 우리를 패배시키려고 합니다. 하지만 우리는 영적 보호를 위해
기도함으로써 하루를 사는 동안 모든 상황을 주도할 수 있는 믿음을
가지고 나갈 수 있게 됩니다.

"여러분은 하나님께 속하였고 거짓 예언자들을 이겼습니다. 이것은 여
러분 안에 계시는 분이 세상에 있는 마귀보다 더 능력이 크기 때문입니
다"(요일 4:4, 현대).

III. 제 2 부 : 성경말씀을 붙잡는 방법

"모든 성경은 하나님의 감동으로 된 것으로 교훈과 책망과 바르게 함과
의로 교육하기에 유익하니 이는 하나님의 사람으로 온전하게 하며 모든
선한 일을 행할 능력을 갖추게 하려 함이니라"(딤후 3:16-17).

성경말씀을 붙잡는 6가지 방법

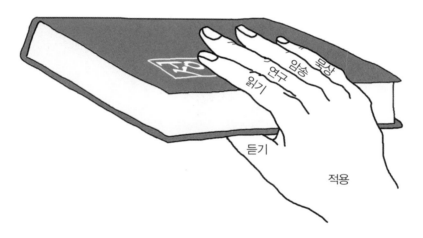

1. 하나님의 말씀을 들으십시오.

"믿음은 들음에서 나며 들음은 그리스도의 말씀으로 말미암았느니라"
(롬 10:17).

  1) 하나님의 말씀을 듣는 방법에는 어떤 것이 있습니까?
    ① 신구약 성경 테이프, CD, mp3
    ② 교회의 예배와 성경공부
    ③ 설교 테이프, CD, mp3
    ④ TV 혹은 라디오

문제점 : 72시간 후에는 우리가 듣는 것의
"95%"를 잊어버리게 됩니다.

2) 어떻게 해야 하나님의 말씀을 더 잘 들을 수 있습니까?

① 하나님의 말씀 듣기 전에 준비하며 _____하십시오.

(예수님) "들을 귀 있는 자는 들을지어다"(눅 8:8).

"주의 말씀의 맛이 내게 어찌 그리 단지요 내 입에 꿀보다 더 다니
이다"(시 119:103).

② 하나님의 말씀을 듣는 데 _____되는 태도를 해결하십시
오(눅 8:4-15)

"너희가 어떻게 들을까 스스로 삼가라"(눅 8:18).

– 닫힌 마음 : 어떤 두려움, 자존심 혹은 상처가 하나님의 말씀
을 듣는 데 방해하지는 않습니까?

– 피상적인 마음 : 하나님의 말씀 듣기를 진정으로 원하고 계십
니까?

– 다른 생각에 사로잡힌 마음 : 당신은 다른 일들에 너무 바쁘
고 그것들에 관심을 두기 때문에 하나님께서 말씀하시는 것
에 집중하지 못하는 것은 아닙니까?

③ 당신의 삶 가운데 있는 모든 _____를 고백하십시오.

"여러분은 온갖 더러운 것과 악을 버리고 마음에 심겨진 하나님
의 말씀을 겸손히 받아들이십시오. 그 말씀에는 여러분의 영혼을
구원할 수 있는 능력이 있습니다"(약 1:21, 현대).

④ 들은 말씀의 _____을 기록하십시오.

"우리는 들은 바를 더욱 굳게 간직하여, 잘못된 길로 빠져드는 일
이 없어야 마땅하겠습니다"(히 2:1, 새번역).

노트를 마련해 영적인 깨달음을 기록하세요.

⑤ 들은 대로 _____하십시오.

"너희는 말씀을 행하는 자가 되고 듣기만 하여 자신을 속이는 자
가 되지 말라"(약 1:22).

"자유롭게 하는 온전한 율법을 들여다보고 있는 자는 듣고 잊어
버리는 자가 아니요 실천하는 자니 이 사람은 그 행하는 일에 복
을 받으리라"(약 1:25).

2. 하나님의 말씀을 읽으십시오.

"이 예언의 말씀을 읽는 자와 듣는 자와 그 가운데에 기록한 것을 지키
는 자는 복이 있나니"(계 1:3).

1) 얼마나 자주 하나님의 말씀을 읽어야 합니까? _____

"(하나님의 말씀을) 평생에 자기 옆에 두고 읽어 그의 하나님 여호와 경외하기를 배우며 이 율법의 모든 말과 이 규례를 지켜 행할 것이라"(신 17:19).

2) 어떻게 하면 하나님의 말씀을 효과적으로 읽을 수 있나요?

　① 체계적으로 읽으세요.
　② 주석이 없는 성경을 읽으세요.
　③ 다른 번역본들과 함께 읽으세요. (예 : 개역 개정, 표준 새번역, 현대인의 성경, 쉬운성경)
　④ 조용히 소리 내어 읽으세요.
　⑤ 핵심 구절들에 밑줄을 치고 색깔표시하며 읽으세요.
　⑥ 성경 읽기표를 선택하여 스케줄에 따라 읽으세요.

하루에 대략 _____분씩 읽으면, 일년에 신구약 성경 전체를 한 번 통독할 수 있게 됩니다.

3) 30일 신약성경 완독계획

　1일. 마태복음 1-9
　2일. 마태복음 10-15
　3일. 마태복음 16-22
　4일. 마태복음 23-28
　5일. 마가복음 1-8
　6일. 마가복음 9-16
　7일. 누가복음 1-6
　8일. 누가복음 7-11

3. 하나님의 말씀을 연구하십시오.

"베뢰아에 있는 사람들은 데살로니가에 있는 사람들보다 더 너그러워서 간절한 마음으로 말씀을 받고 이것이 그러한가 하여 날마다 성경을 상고하므로"(행 17:11).

1) 성경 읽기와 성경연구의 차이점은 연구할 때 _____을 쓴다는 것입니다.

2) 효과적 성경연구의 비결은 _____을 던지는 것입니다.

3) 성경연구를 위한 "방법"을 사용하십시오.

_____, 릭 워렌 저, 도서출판 디모데.

이 책은 12가지 성경 연구 방법들을 간단하면서도 단계적으로 알려줍니다.

1. 묵상식 연구	2. 장별 요약 연구
3. 성품 연구	4. 테마별 연구
5. 인물별 연구	6. 주제별 연구
7. 낱말 연구	8. 책별 배경 연구
9. 책별 개관 연구	10. 장별 분석 연구
11. 책별 종합 연구	12. 구절별 분석 연구

4) 성경연구를 위한 "자료"를 사용하십시오.

① 다양한 성경 번역본
- 개정개역판   - 현대인의 성경
- 쉬운성경   - 표준새번역

② 인터넷 성경
- 다양한 성경번역본은 성경을 연구하는 데 많은 도움을 줍니다. 인터넷을 통해서도 다양한 번역본을 서비스 받을 수 있습니다.
- bible.godpia.com   - www.holybible.org

③ 성경개관
- 손에 잡히는 성경 이야기(전4권, 국제제자훈련원)
- 날마다 주님과 함께(디모데)
- 한 눈에 보는 성경(디모데)
- 주제별 성경연구(두란노)

④ 성구사전
- 비전 성구사전(두란노)

⑤ 성경사전
- IVP 성경사전(IVP)
- 아가페 성경사전(아가페출판사)
- 비전성경사전(두란노)

⑥ 성경지도
- 아가페 성서지도(아가페출판사)

⑦ 성경주석
  – IVP 성경주석 구약 · 신약 –NBC 21세기판(IVP)
  – IVP 성경배경주석

⑧ 컴퓨터 소프트웨어
  – 대한성서공회 성경 CD-ROM
  – 파워바이블 v 3.0
  – 임마누엘 성경 version 5.0

4. 하나님의 말씀을 암송하십시오.

"내 계명을 지켜 살며 내 법을 네 눈동자처럼 지키라 이것을 네 손가락
에 매며 이것을 네 마음판에 새기라"(잠 7:2-3).

1) 우리는 자신에게 _____ 것을 꼭 기억합니다.

"주님께서 나에게 친히 일어주신 그 법이, 천만 금은 보다 더 귀합니
다"(시 119:72, 새번역).

2) 성경 암송에는 어떤 유익이 있습니까?

① 성경암송은 _____을 물리치도록 도와줍니다.

"내가 주께 범죄하지 아니하려 하여 주의 말씀을 내 마음에 두었
나이다"(시 119:11).

② 성경암송은 지혜로운 _____을 내릴 수 있도록 도와줍니다.

"주의 말씀은 내 발에 등이요 내 길에 빛이니이다"(시 119:105).

③ 성경암송은 스트레스를 받을 때 _____ 해줍니다.

"주님께서는 말씀으로 내게 희망을 주셨습니다. 주님의 말씀이 나를 살려 주었으니, 내가 고난을 받을 때에, 그 말씀이 나에게 큰 위로가 되었습니다"(시 119:49-50, 새번역).

④ 성경암송은 마음이 힘들 때 _____해 줍니다.

"만군의 하나님 여호와시여 나는 주의 이름으로 일컬음을 받는 자라 내가 주의 말씀을 얻어 먹었사오니 주의 말씀은 내게 기쁨과 내 마음의 즐거움이오나"(렘 15:16).

⑤ 성경암송은 불신자들에게 _____할 수 있도록 도와줍니다.

"너희 마음에 그리스도를 주로 삼아 거룩하게 하고 너희 속에 있는 소망에 관한 이유를 묻는 자에게는 대답할 것을 항상 준비하되 온유와 두려움으로 하고"(벧전 3:15).

2) 성경말씀을 암송하기 좋은 때는 언제입니까?

① 매일 경건의 시간에
② 운동하면서
③ 기다리는 시간(자투리 시간)에
④ 잠들기 전에(시 63:6)

3) 어떻게 성경말씀을 암송합니까?

① 의미 있게 다가오는 성경말씀 한 구절을 선택하십시오.
② 몇 장 몇 절인지를 성경 구절 앞 부분과 마지막 부분에 말하십시오.
③ 선택한 구절을 소리 내어 여러 번 반복해 읽으십시오. 읽으면서 녹음을 하십시오.
④ 선택한 구절을 자연스럽게 몇 부분으로 나눠서 외우십시오.
⑤ 선택한 구절을 암송할 때 핵심 단어들을 강조하십시오.
⑥ 선택한 구절을 노트에 기록한 후 한 번에 한 단어씩 지우며 암기하십시오.
⑦ 암송 카드를 활용해 외우십시오.
⑧ 몇 장의 암송 카드를 항상 휴대하고 다니면서 복습하십시오.
⑨ 잘 보이는 곳에 암송하는 구절 카드를 두십시오.
⑩ 단어 하나 하나를 늘 정확하게 암송하십시오.
⑪ 선택한 구절에 곡을 붙여 노래를 만들어 보십시오.
⑫ 파트너를 구해서 서로 점검해 주십시오.
⑬ 한 주일에 두 절씩 시작하는 것이 바람직합니다.
⑭ 성경암송의 비결 세 가지는 : _____, _____, _____ 입니다.

4) 성경말씀 암송의 기본 코스

아래에 소개하는 구절들은 성경 암송을 "균형 있게" 할 수 있도록 돕습니다. 여기에 선택된 구절들은 그리스도인의 삶과 신앙 성숙의 기초를 이해하는데 핵심이 되는 말씀들입니다. 그렇다고 여기에 제시된 목록에만 제한되지 않도록 하십시오. 이 구절들은 성경의 핵심 구절들을 암기하는 것이 얼마나 중요한지를 이해하도록 도와주는 도구일 뿐입니다.

성경암송 구절

아래 성경구절들은 균형 잡힌 암송을 위해 선택되었습니다. 이 구절들은 그리스도인의 삶과 신앙 성장의 기초를 이해하는 데 필요한 핵심 성경구절들입니다. 꼭 이 구절을 먼저 암송해야만 되는 것은 아닙니다. 이 구절들은 "핵심" 구절을 암송하는 것이 얼마나 중요한지를 이해하도록 도와주는 도구일 뿐입니다.

- 새로운 삶
  중심 되신 그리스도   고후 5:17; 갈 2:20
  그리스도께 순종   롬 12:1; 요 14:21
  말씀   딤후 3:16; 수 1:8
  기도   요 15:7; 빌 4:6-7
  교제   마 18:20; 히 10:24
  증거   마 4:19; 롬 1:16

- 그리스도를 전파함
  모든 사람이 죄를 범함   롬 3:23; 사 53:6
  죄의 형벌   롬 6:23; 히 9:27
  그리스도가 형벌을 받음   롬 5:8; 벧전 3:18
  선행으로 구원받지 못함   엡 2:8-9; 딛 3:5
  그리스도를 모셔야 함   요 1:12; 계 3:20
  구원의 확신   요일 5:13; 요 5:24

- 하나님을 의뢰함
  성령   고전 3:16; 고전 2:12
  능력   사 41:10; 빌 4:13
  성실   애 3:22; 민 23:19
  평안   사 26:3; 벧전 5:7

공급	롬 8:32; 빌 4:19
유혹에서 도우심	히 2:18; 시 119:9,11

• 그리스도 제자의 자격

그리스도를 첫 자리에 모심	마 6:33; 눅 9:23
죄에서 떠남	요일 2:15–16; 롬 12:2
견고함	고전 15:58; 히 12:3
다른 사람을 섬김	막 10:45; 고후 4:5
후히 드릴 것	잠 3:9–10; 고후 9:6–7
세계 비전	행 1:8; 마 28:19–20

• 그리스도를 닮아감

사랑	요 13:34–35; 요일 3:18
겸손	빌 2:3–4; 벧전 5:5–6
순결	엡 5:3; 벧전 2:11
정직	레 19:11; 행 24:16
믿음	히 11:6; 롬 4:20–21
선행	갈 6:9–10; 마 5:16

5. 하나님의 말씀을 묵상하십시오.

"(복 있는 사람은) 여호와의 율법을 즐거워하여 그의 율법을 주야로 묵
상하는도다 그는 시냇가에 심은 나무가 철을 따라 열매를 맺으며 그 잎
사귀가 마르지 아니함 같으니 그가 하는 모든 일이 다 형통하리로다"
(시 1:2-3).

묵상이란 나를 향해 말씀하시는 성경의 한 구절에 대해 집중해서 생
각하는 것으로 그 말씀의 진리를 나의 삶에 적용하기 위한 과정입니
다. 묵상은 그리스도를 닮아가는 과정의 핵심입니다.

"그 무엇보다도 네 마음을 지켜라. 여기서부터 생명의 샘이 흘러나온다"(잠 4:23, 현대).

1) 왜 성경말씀을 묵상해야 합니까?

① 그리스도를 _____ 가는 비결이기 때문입니다.

"…마음을 새롭게 함으로 변화를 받아…"(롬 12:2).

"그(주님)와 같은 형상으로 변화하여 영광에서 영광에 이르니 곧 주의 영으로 말미암음이니라"(고후 3:18하).

② 기도 응답을 받는 비결이기 때문입니다.

"너희가 내 안에 거하고 내 말이 너희 안에 거하면 무엇이든지 원하는 대로 구하라 그리하면 이루리라"(요 15:7).

③ 성공적인 삶의 비결이기 때문입니다.

"이 율법책을…주야로…묵상하여 그 안에 기록된 대로 다 지켜 행하라 그리하면 네 길이 평탄하게 될 것이며 네가 형통하리라"(수 1:8).

2) 어떻게 성경말씀을 묵상합니까?

① 그림을 그려보십시오.
마음속에 구절의 내용을 시각적으로 그려 보십시오.

② 그 구절을 여러 번 읽으십시오.
매번 다른 단어들을 강조하며 큰 소리로 읽으십시오.

③ 그 구절의 내용을 쉽게 풀어서 다시 써보십시오.

　그 구절을 나 자신의 말로 쉽게 설명하며 다시 써 보십시오.

④ 그 구절을 ＿＿＿＿＿＿＿＿ 하십시오.

　그 구절에 나오는 대명사 혹은 사람을 나의 이름으로 바꾸어 보십시오.

⑤ 그 구절을 가지고 기도하십시오.

　그 구절을 사용해 하나님께 기도해 보십시오.

⑥ 다음과 같은 아홉 가지 질문들을 던져 보십시오.

3) 어떻게 하면 말씀이 나를 점검하고 변화시키게 할 수 있습니까?

아래의 "S.P.A.C.E.P.E.T.S." 질문들을 활용하여 하나님께서 성경 말씀을 통해 당신에게 무엇이라고 말씀하시는지 찾으십시오.

어떤 한 구절에 초점을 맞춰서 다음과 같이 질문해 보세요.

① 내가 "고백할 죄"가 있는가? (SIN TO CONFESS)
② 내가 "붙들고 나갈 약속"이 있는가? (PROMISE TO CLAIM)
③ 내가 "고쳐야 할 태도"가 있는가? (ATTITUDE TO CHANGE)
④ 내가 "지켜야 할 명령"이 있는가? (COMMAND TO KEEP)
⑤ 내가 "따를 모범"이 있는가? (EXAMPLE TO FOLLOW)
⑥ 내가 "기도해야 할 제목"이 있는가? (PRAYER TO PRAY)
⑦ 내가 "피해야 할 잘못"이 있는가? (ERROR TO AVOID)
⑧ 내가 "믿어야 할 진리"가 있는가? (TRUTH TO BELIEVE)
⑨ 내가 "하나님께 감사해야 할 것"이 있는가? (SOMETHING TO THANK GOD FOR)

6. 하나님의 말씀을 적용하십시오.

"너희는 말씀을 행하는 자가 되고 듣기만 하여 자신을 속이는 자가 되지 말라"(약 1:22).

"그러므로 누구든지 이 계명 중의 지극히 작은 것 하나라도 버리고 또 그같이 사람을 가르치는 자는 천국에서 지극히 작다 일컬음을 받을 것이요 누구든지 이를 행하며 가르치는 자는 천국에서 크다 일컬음을 받으리라"(마 5:19).

1) 성경말씀을 적용하는 방법 : 적용의 다리

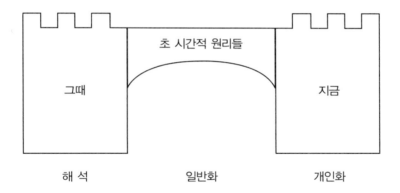

2) 적용을 위한 세 가지 질문을 활용하십시오.
① 본문이 그 당시의 사람들에게 무엇을 의미했습니까?(해석)
② 본문을 통해 얻을 수 있는 "_____ 원리(들)"은 무엇입니까?(일반화)
③ 이 원리를 내 삶의 어느 영역에 어떻게 적용할 수 있습니까?(개인화)

이 과정을 통해 깨닫게 된 진리를 당신의 삶에 적용하기 위한 구체적 계획이나 실천사항에 대해 한 문장으로 기록하십시오.

3) 적용은 주로 다음 세 가지 _____ 중 하나에 맞춰집니다.
   ① 하나님과의 관계
   ② 나 자신과의 관계
   ③ 다른 사람들과의 관계

4) 좋은 적용의 4가지 기준은 무엇입니까?
   ① 좋은 적용은 _____입니다.
   ② 좋은 적용은 _____입니다.
   ③ 좋은 적용은 _____한 것입니다.
   ④ 좋은 적용은 _____한 것입니다.

"너희가 이것을 알고 행하면 복이 있으리라"(요 13:17).

IV. 매일 경건의 시간을 갖는 방법

"너는 기도할 때에 네 골방에 들어가 문을 닫고 은밀한 중에 계신 네 아버지께 기도하라 은밀한 중에 보시는 네 아버지께서 갚으시리라"(마 6:6).

여러분 각자가 매일 하나님과의 시간을 가지는 목표는 그리스도 "에 대해" 공부하는 것이 아니라, 그분과 함께 실제로 "시간을 보내는 것"입니다.

1. 매일 경건의 시간을 가지려면 어떻게 시작해야 합니까?

1) 올바른 태도를 가지고 시작하십시오.

① 경외
"너희는 가만히 있어 내가 하나님 됨을 알지어다"(시 46:10).

② 기대하는 마음
"내 눈을 열어서 주의 법에서 놀라운 진리를 보게 하소서"(시 119:18, 현대인의 성경).

③ 기꺼이 순종하겠다는 마음
"하나님의 뜻을 따르려는 사람은 누구든지, 이 가르침이 하나님 에게서 난 것인지, 내가 내 마음대로 말하는 것인지를 알 것이다" (요 7:17, 새번역).

2) 구체적인 시간을 선택하십시오.

① 가장 좋은 시간은 내 정신이 가장 맑을 때입니다.
   일단 시간을 정하면 그 시간을 "지속적으로" 지키십시오.

② 왜 경건의 시간으로 이른 아침 시간이 좋습니까?

   - 성경 인물들의 모범 때문입니다.
     (아브라함, 야곱, 모세, 한나, 욥, 히스기야, 다윗, 다니엘, 예
     수님 등)

   - 매일 "경건의 시간"과 함께 하루를 시작하는 것이 논리적이
     기 때문입니다.

   - "악기를 조율할 최상의 시간은 당신이 음악회에서 연주하기
     직전이지 연주한 후가 아닙니다!"

   - 첫 아침을 주님께 드리는 것은 나의 삶에서 하나님과의 만남
     을 최우선으로 여긴다는 것을 보여 주기 때문입니다.

③ 매일 "경건의 시간"은 어느 정도가 적당합니까?

   - 처음에는 15분으로 시작하여 점점 더 늘이십시오.
   - 가급적 시계를 보지 마세요.
   - 양이 아니라 질이 중요합니다.

3) 특별한 _____를 선택하십시오.

"예수께서 나가사 습관을 따라 감람 산에 가시매 제자들도 따라갔더니"(눅 22:39).

중요한 요소 :
"새벽 아직도 밝기 전에 예수께서 일어나 나가 한적한 곳으로 가사 거기서 기도하시더니"(막 1:35).

4) 필요한 _____들을 준비하십시오.

① 성경 : 읽기 쉬운 성경
② 노트 : 주님께서 내게 말씀하시는 것들과 기도제목을 적습니다.
③ 찬양집 : 찬양 부르기 원한다면 준비하세요.

5) 단순한 _____을 세워 지키십시오(아래의 예 참조)

2. 15분간 경건의 시간을 가진다면 어떻게 하면 좋습니까?

1) _____을 기다리십시오(1분)

침착하게 조용히 계십시오! 서두르지 마세요. 경건의 시간을 시작할 마음의 준비를 하십시오. 숨을 몇 번 깊이 들이 마시고 내쉬면서 하나님을 기다리십시오.

2) 말씀을 읽으십시오(4분)

① 성경말씀을 붙잡는 방법에서 "하나님의 말씀을 읽으십시오"(p.41) 부분을 참고하십시오.

② 전날 읽은 다음부터 읽으십시오. 하나님께서 내게 무엇을 말씀하신다고 느낄 때까지 읽으십시오. 하나님께서 주시는 말씀이 있으면 읽기를 중단하고 그 말씀에 대해 생각하십시오.

3) 읽은 말씀을 _____하십시오(4분)

① 성경말씀을 붙잡는 방법에서 "하나님의 말씀을 묵상하십시오"(p.50) 부분을 참고하십시오.

② "S.P.A.C.E.P.E.T.S. 방법"(p.52)이나 "어떻게 성경말씀을 묵상합니까?"(p.51) 가운데 어느 것이든 사용할 수 있습니다.

③ 말씀이 나의 삶에 무슨 의미가 있는지 생각하십시오. 생각나는 것들을 기록하십시오.

④ 내게 특별한 의미로 다가오는 구절을 "암기"하면 좋습니다.

4) _____하십시오(2분)

① 성경말씀을 붙잡는 방법에서 "하나님의 말씀을 적용하십시오"(p.53) 부분을 참고하십시오.

② 실제적이고 실천 가능하며 측정 가능한 개인적인 적용문을 기록하십시오.

③ "우리의 생각은 우리의 입술로 표현되고, 손가락을 사용해 기록할 때 술술 풀려나옵니다."

5) _____드리십시오(4분)

① 하나님께서 깨닫게 해주신 것과 당신이 기록한 적용을 가지고 하나님께 기도드리는 시간을 가지십시오.

② "기도-하나님과의 대화"(p. 32)에서 소개해드린 순서를 따라 기도드리십시오.

3. 매일 경건의 시간을 갖는 데 방해되는 것은 어떤 것들입니까?

1) _____의 문제

① 내가 매일 경건의 시간을 가지려 할 때 처음 만나는 문제는 매일 아침 일어나면서 겪게 되는 문제입니다. "좀 더 잘까? 일어날까?" (이른바, "이불과의 전쟁")

② 문제 해결을 위한 몇 가지 제안
- 정해진 시간에 잠자리에 드십시오.
- 즉시 일어나십시오.
- 매일 경건의 시간을 빼앗아가는 "도둑들"을 미리 조심하세요.
- 영적인 생각을 하면서 잠자리에 드십시오.

2) _____의 문제

① 사탄은 어떤 수단과 방법을 동원해서라도 매일 경건의 시간을 가질 때 내 생각이 집중되지 못하도록 방해할 것입니다.

② 문제 해결을 위한 몇 가지 제안
- 잠자리에서 일어나 바깥으로 나오세요.
- 완전히 잠에서 깨도록 하세요.
- 소리 내어서 말씀을 읽고 기도드리세요.

– 기도드릴 때 걸어 다니면서 기도하세요.
– 주위에 기록할 노트를 준비해 두세요.

3) _____의 문제

① 때로 매일 경건의 시간을 통해 아무것도 얻지 못한다고 느낄 수도 있습니다.

② 절대 나의 기분으로 매일 경건의 시간을 평가하지 마십시오.

③ 영적 메마름의 원인은 무엇입니까?
– 내 몸의 컨디션
– 하나님을 향한 불순종
– 서둘러 갖는 경건의 시간
– 형식과 타성에 젖어 있는 경건의 시간
– 말씀 묵상을 통해 깨달은 통찰력을 다른 사람들과 나누지 않는 것

4) _____의 문제

① 가장 어려운 문제는 "매일 경건의 시간"을 지속적으로 갖는 것입니다.

② 사탄은 내가 "매일 경건의 시간"을 갖지 못하도록 하는 것에 가장 큰 목표를 삼고 덤벼듭니다.

③ 문제 해결을 위한 몇 가지 제안
– 하나님께 "매일 경건의 시간"을 지키기로 굳게 약속하십시오.
– 매일의 스케줄에 "경건의 시간"에 대한 계획을 적어 놓으세요.

- "매일 경건의 시간"을 지키지 못하게 하는 사탄의 변명들을 물리치세요.
- 자기 전에 다음날 읽을 성경말씀을 미리 펼쳐 놓으세요!

④ 하루라도 못하게 되면 어떻게 하나요?
  - _____에 잡히지 않도록 하십시오.
  - 율법주의자가 되지 않도록 하십시오.
  - 결코 _____하지 마십시오.

⑤ 사람은 새로 시작한 어떤 일이 친숙해지는데 3주간이 걸립니다. 여기에 그 일이 편안한 습관이 될 때까지는 3주간이 더 걸립니다!"

"우리가 선을 행하되 낙심하지 말지니 포기하지 아니하면 때가 이르매 거두리라"(갈 6:9).

5) 헌신의 기도

"하나님 아버지, 제가 아버지와 교제 나누도록 지음 받았다는 사실을 깨달았습니다. 예수님의 죽으심을 통해 하나님과 교제 할 수 있는 특권을 주셔서 감사드립니다. 매일 하나님과 함께 하는 교제의 시간이 저의 삶 가운데서 가장 중요함을 인정하고 고백합니다. 지금부터 일정한 시간을 정해서 날마다 성경을 읽 고 기도드리며 "매일 경건의 시간"을 가지기로 헌신합니다. 제 가 이 습관을 지속적으로 키워 나갈 수 있도록 도우시고 힘주 시옵소서. 예수님의 이름으로 기도드립니다. 아멘."

이름 _____ 날짜 _____년 _____월 _____일

새로운 습관을 어떻게
시작하고 유지할 수 있습니까?
영적 성숙을 위한 세 가지 습관을 시작하고 유지하는 방법

"하나님이 우리에게 주신 것은 두려워하는 마음이 아니요 오직 능력과 사랑과 절제하는 마음이니"(딤후 1:7).

1. _____하십시오.

지금 바로 시작하세요. 기다리지 마세요. 나중으로 미루지 마세요. 새로운 습관이란 미룬다고 되는 것이 아닙니다. "어느 날엔가 되겠지" 하면 결코 그날은 오지 않습니다. 일단 결심하고 출발하십시오. 오늘 나쁜 습관을 깨는 것이 내일로 미루는 것보다 더 쉽습니다!

"바람이 분다고 기다리면 씨를 뿌리지 못할 것이며 구름이 끼었다고 기다리면 추수하지 못할 것이다"(전 11:4, 현대인의성경).

2. _____하십시오.

새로운 습관들을 시작하려는 당신의 결심을 다른 사람들에게 공개적으로 밝히십시오. 공개적으로 약속하고 결심하세요. 공개적인 서약은 놀라운 힘을 발휘합니다. 당신이 새로운 습관에 대한 헌신을 글로 표현한다면 그 약속을 지키는 추진력은 더욱 능력 있게 드러날 것입니다.

"너희는 주 하나님께 서원하고, 그 서원을 지켜라"(시 76:11 새번역).

3. _____하십시오.

새로운 습관이 당신의 삶에 확실하게 뿌리 내리기까지는 한번의 예외도 결코 허용해서는 안 됩니다. 한 번 예외를 허용하는 것이 결정적 타격이 될 수 있습니다. 처음에 한 번 쉬는 것이 이후에 여러 번 해이하게 만드는 단초가 됩니다. 시작 단계에서 지속적으로 매진하는 것은 새로운 습관을 들이는 과정의 핵심입니다. "딱 한 번만…"이라는 생각의 유혹에 흔들리지 않도록 하세요. 이런 식의 양보는 새로운 습관을 들이는 데 대한 의지를 약하게 만들고 자기 통제에 실패하게 합니다.

새로운 습관이 편안하게 느껴지려면 3주간이 걸리며, 그것이 당신의 삶의 자연스런 한 부분이 되기까지는 또 다른 3-4주간이 필요합니다.

새로운 무엇을 배우기 위해서는 7번에서 21번의 반복이 필요합니다.

4. _____을 받으십시오.

당신을 지원하고 격려해 줄 파트너를 구하십시오. 당신에 대해 기꺼이 책임을 져주는 사람, 특별히 당신의 삶 가운데 새로운 습관이 확실하게 뿌리내리기까지 당신이 잘 하고 있는지를 검토하고 확인해 줄 사람을 찾으십시오.

"서로 격려하여 사랑과 선한 일을 위해 힘쓰도록 하십시오"(히 10:24, 현대인의성경).

"두 사람이 한 사람보다 나음은 그들이 수고함으로 좋은 상을 얻을 것임이라 혹시 그들이 넘어지면 하나가 그 동무를 붙들어 일으키려니와 홀로 있어 넘어지고 붙들어 일으킬 자가 없는 자에게는 화가 있으리라"(전 4:9-10).

5. 하나님을 _____하십시오.

새로운 습관이 체질화되도록 돕는 하나님의 능력을 믿으십시오. 사탄은 당신이 영적으로 성숙하게 되고 또 그리스도를 닮아 가도록 습관들이는 것을 원치 않기 때문에, 할 수 있는 한 모든 힘을 다해 당신을 유혹하고, 미끄러지게 하고, 실망시키려 할 것입니다. 따라서 강력하게 기도드리며 나가십시오!

"너희 안에서 행하시는 이는 하나님이시니 자기의 기쁘신 뜻을 위하여 너희에게 소원을 두고 행하게 하시나니"(빌 2:13).

나의 성숙 서약

"나는 영적 성숙에 이르게 하는 3가지 새로운 습관을 키우는 데
나 자신을 헌신합니다."

☐ 하나님의 가족으로서 즐기는 소그룹 "교제"에 헌신합니
다. _ 히브리서 10:25

☐ 하나님을 높여 드리는 정기적인 십일조 "헌금"을 드리
기로 헌신합니다. _ 고린도전서 16:2

☐ 성경말씀과 기도를 통해 매일 "경건의 시간"을 갖기로
헌신합니다. _ 마가복음 1:35

"경건에 이르도록 네 자신을 연단하라"(딤전 4:7).

_____년_____월_____일   서약자 : _____

이제 무엇을 해야 할까요?

"성숙 서약에 평생 헌신하십시오"

우리 교회의 예배에 참여하시고, 301, 401과정에 참여하여
신앙을 더욱 강하게 키워 나가십시오.

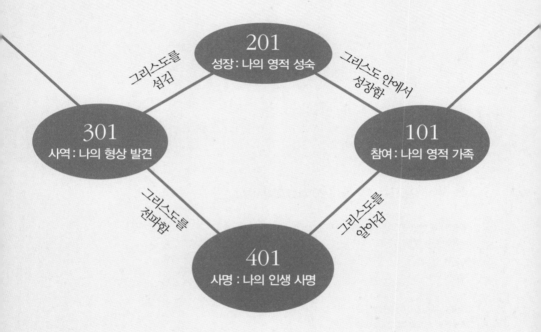

"이제 301과정을 향해 나가십시오!"

목적이 이끄는 양육 | 201과정 참가자용 |

개정판 1쇄 발행 2007년 5월 21일
개정판 34쇄 발행 2023년 2월 10일

지은이 릭 워렌
엮은이 PD Korea

펴낸이 오정현
펴낸곳 국제제자훈련원
등록번호 제2013-000170호(2013년 9월 25일)
주소 서울시 서초구 효령로68길 98 (서초동)
전화 02-3489-4300 **팩스** 02-3489-4329
E-mail dmipress@sarang.org

ISBN 978-89-5731-207-0 03230
    978-89-5731-205-6(세트)

본서에 게재된 「성경전서 개역개정판」, 「성경전서 표준새번역」, 「성경전서 새번역」의 저작권은 재단법인
대한성서공회, 「현대인의성경」의 저작권은 생명의말씀사의 소유로 허락을 받고 사용하였습니다.

국제제자훈련원은 건강한 교회를 꿈꾸는 목회의 동반자로서 제자 삼는 사역을 중심으로
성경적 목회 모델을 제시함으로 세계 교회를 섬기는 전문 사역 기관입니다.